東京2020パラリンピックを楽しもう！
発刊にあたって

　2020年開催の東京パラリンピックに向けて、その競技種目についてわかりやすい解説書がほしいという要望が増えてきました。パラリンピックは、障がいのある人も、ない人も一緒に楽しめる祭典です。共に支え合う社会へとつながるために、最高の舞台となります。

　執筆は、その道の第一人者で、金メダリストの河合純一さんとその指導者の寺西真人さんにお願いしました。競技の見どころは、スポーツライターの星野恭子さんに解説してもらいました。

　バリアフリー図書として、点字と触図、墨字合本で作成いたしました。多くの読者の方に愛用され、パラリンピックをより楽しんでもらえることを望んでおります。

　最後に、本書の作成にあたりご助成賜りました一般財団法人日本宝くじ協会並びにご協力いただいた皆様に御礼申し上げます。

社会福祉法人　桜雲会
理事長　一幡良利

目　次

パラリンピックを楽しもう！（星野恭子）………………………	2
パラリンピックは、自分を表現する最高の舞台（河合純一）	7
盲学校体育の授業からパラリンピック選手育成へ（寺西真人）	11
東京2020パラリンピック競技の見どころ（星野恭子）………	16
監修のことば　…………………………………………	26

1

パラリンピックを楽しもう！

星野恭子

　パラリンピックは、障がいのあるアスリートにとって世界最高峰にあたるスポーツの祭典だ。「もう一つ（パラレル）のオリンピック」として４年に１度オリンピックと同年に同じ都市で開かれる。夏の大会と冬の大会が２年ごと交互に開催されるのもオリンピックと同じだ。

　近年は、競技レベルも上がり、スポーツイベントとしては、オリンピック、サッカーワールドカップについで、世界第３位の規模で開催されるほど発展を遂げている。

　その16回目となる夏季パラリンピックが、2020年８月25日（火）～９月６日（日）の日程で、日本の東京で開かれる。大会のビジョンは、「スポーツには世界と未来を変える力がある」だ。

　パラリンピックは、選手たちが自身の限界に挑む場であるとともに、その姿を通して互いに多様性を認めながらともに生き、だれもが活躍できる公平な社会の大切さを示す場でもある。パラリンピックが生まれた背景や思い、パラリンピック競技について知ることで、東京2020大会をより楽しむことができるのではないだろうか。

【パラリンピックの誕生】

　パラリンピックはイギリスで生まれた。第２次世界大戦開戦中、イギリスのストーク・マンデビル病院に負傷した兵士のための脊髄損傷科が開設され、初代科長のルードウィッヒ・グットマン博士が、「手術よりスポーツを」とリハビリテーションに取り入れたことがきっかけだ。

　1948年には初めて、患者16名（男子14名、女子２名）が参加した車いすでのアーチェリー大会を開催。この大会が現在、「パラリンピックの原点」とされる。

　以来、この大会は、「ストーク・マンデビル大会」として毎年開かれ、1952年にオランダ人選手が参加したことで、「国際ストーク・マ

ンデビル大会」へと発展する。1960年大会はオリンピックが開かれた
ローマで行われ、この大会がのちに「第1回パラリンピック」として
位置づけられ、今日にいたる。

「パラリンピックの父」と呼ばれるグットマン博士が患者たちに説い
たと言う「失われたものを数えるな。残されたものを最大限にいかせ」
という理念は、現在もパラリンピックの精神として受け継がれている。

1964年、東京オリンピック開催後に、第2回パラリンピックが東京
で開かれたが、以降、しばらくはオリンピックとは異なる都市で、パ
ラリンピックは続けられる。オリンピックと同一都市での開催が原則
化されたのは1988年ソウル大会からで、冬季大会も1992年アルベール
ビル大会から同一都市開催となった。

パラリンピックは当初、脊髄損傷者のみを対象としたが、1976年ト
ロント大会で、視覚障がい者と手や足の欠損切断者も参加できるよう
になり、以後、脳性まひ者や知的障がい者へと広げられた。

1989年には国際パラリンピック委員会（IPC）がドイツのボンを拠
点に設立され、以後、パラリンピックを主催するなど障がい者のスポ
ーツ参加を世界的に普及させる「パラリンピック・ムーブメント」を
進めている。

IPCと国際オリンピック委員会（IOC）との協力関係も徐々に進み、
2008年北京大会からは組織委員会も統一され、両大会ができるだけ足
並みをそろえ運営されるようになった。パラリンピックはこうして発
展を続けている。

なお、聴覚障がいは現在、パラリンピックの対象とはなっていない。
国際ろう者スポーツ委員会（ICSD）は、聴覚障がい者を対象にした「デ
フリンピック」を4年に1度開催している。デフリンピックの歴史は
パラリンピックよりも古く、夏季大会は1924年から、冬季大会は1949
年から開かれている。ICSDもIPCに加盟していたが、1995年に脱退。
以来、ICSDとIPCはそれぞれの理念のもと、活動を続けている。

【パラリンピックの意義と価値】

パラリンピックはスポーツの祭典だが、究極のゴールとして、障が

い者のスポーツ参加を推進することで、障がい者への理解を深め、誰もが参画できるインクルーシブな社会の創出をめざす。

　パラリンピックでは、さまざまな障がいのあるアスリートが創意工夫の上、自身の限界に挑む。そうした姿を通して夢や希望を与え、多様性や個性を認め、互いに尊重し合うことの大切さを伝える一方、社会におけるハード、ソフト両面での障壁の存在への気づきを示す役割も担う。人々の考えや社会のあり方を変えられる可能性を秘めた大会でもある。

【パラリンピックのシンボル】

　現在のパラリンピックのシンボルは、2004年から使われており、赤、青、緑の3つの曲線を組み合わせたもので、「スリー・アギトス」と呼ばれる。「アギト」はラテン語で、「私は動く」を意味し、躍動する選手の姿などを表現する。ちなみに、赤、青、緑のカラーは、世界の国旗で最も多用されている3色として選ばれた。

【パラリンピック競技の特徴】

　競技を行うにあたり、障がいのためにどうしても「できないこと」や「むずかしいこと」「危険なこと」などがある。パラリンピックでは、さまざまな障がいのあるアスリートがスポーツに挑戦しやすく、また、持てる力を最大限に発揮して最高のパフォーマンスを行えるように、ルールや用具に創意工夫を加えたり、選手を障がいの種類や程度により「クラス」に分けたりしている。さまざまな選手ができるだけ公平に競い合うための工夫であり、特徴である。

【ルール・用具の工夫】

　例えば、陸上競技で視覚障がいのある選手が目の代わりとなるガイド（伴走者）などのサポートを受けることを認めたり、車いすテニスで車いすでの動きを考慮し、「2バウンド以内まで返球可能」とルールを変更したりしている。用具では、自転車競技で車いすの選手が手で漕ぐハンドサイクルを使ったり、視覚障がい者の競技、ゴールボー

ルで鈴入りの音が鳴るボールを使うなどの工夫がされている。

【クラス分け】

　ひとことで「障がい」といっても、視覚、腕や脚などの身体、知的などさまざまな種類がある。また、同じ種類でも選手によって、その程度は異なる。そこで、パラリンピックではできるだけ公平に競える工夫として、選手を障がいの種類や程度によって「クラス」に分け、クラスごとに競うことを基本としている。クラス分けは、医師など専門の資格を得たクラス分け委員が各選手の障がいや残存機能、運動動作の確認などを行い、慎重に判定する。

　「クラス」は基本的に、競技や種目を示すアルファベットと、障がいの種類や程度を表す数字の組み合わせなどで表される。また、ほとんどの競技では数字が小さいほど障がいの程度が重いことを表すが、このルールに当てはまらない競技もある。

【日本におけるパラスポーツの歩み】

　前述したように、1964年に東京で行われた第2回パラリンピックは、日本におけるパラスポーツ発展の大きな一歩となった。開催実現に大きく貢献した一人が、大分県の整形外科医だった故・中村裕（ゆたか）氏だ。

　1960年からイギリスに留学してグットマン博士に師事し、「障がいのある患者たちが生き生きとスポーツをする姿」に感銘を受けた中村氏は、帰国後、患者のリハビリにスポーツを取り入れる。それとともに、1964年に開催が決まっていた東京オリンピック後にパラリンピックも開催しようと、その実現に奔走する。

　当時の日本では、障がい者がスポーツを行うことは一般的でなく、「危険だ」「障がい者を見せものにするのか」といった批判も多く、また、大会開催への資金調達にも苦労があったという。

　だが、中村氏の熱意もあり、ついに1964年、「第2回パラリンピック東京大会」が実現し、中村氏が日本選手団の団長も務めた。さらに、当時のパラリンピックは脊髄損傷者だけが対象だったことから、中村

氏はさまざまな障がい者も参加できるように、第2部として「国際障がい者スポーツ大会」も実現させた。

　スポーツだけでなく、障がい者の社会参加も願い、1965年には大分県別府市に障がい者の自立支援を行う「太陽の家」を創設。「日本におけるパラリンピックの父」とも呼ばれる中村氏は、こうして国内でのパラスポーツ普及発展の礎を築いた。

　1964年のパラリンピック国際身体障がい者スポーツ大会の開催により、日本でも障がい者のスポーツを推進する機運が高まり、1965年には日本身体障がい者スポーツ協会（現・日本障がい者スポーツ協会）が発足した。

　また、1964年の国際身体障がい者スポーツ大会の成功を受け、国内でも障がい者の自立促進や障がい者に対する関心や理解を深めることなどを目的に、「全国身体障害者スポーツ大会（現・全国障害者スポーツ大会）」が開催されるようになった。第1回大会は、1965年、岐阜県で開催され、以後、毎年、国民体育大会（国体）の後に開催されている。

【東京2020パラリンピック競技大会】
　第16回夏季パラリンピックである東京大会は、1964年大会につづいて東京で開かれる2回目のパラリンピックとなる。実は、2回目のパラリンピックを開く都市は、東京が世界初だ。

　1964年大会は日本におけるパラスポーツのあり方を大きく変えた大会となったが、2020年大会は世界に対してよりポジティブな変化をもたらし、未来に向けたレガシーとして継承される大会となることをめざしている。

　パラリンピックで実施する競技や種目は、競技人口や世界的な普及度などを考慮し、大会ごとに決定される。2020年の東京パラリンピックでは全部で22競技が行われ、540種目でメダルが争われる予定だ。

　史上最大規模となる、160カ国以上から約4,400選手が世界の頂点を目指し、自己の限界に挑む戦いの幕が、まもなく開ける。

パラリンピックは、自分を表現する最高の舞台
河合純一

1975年4月19日静岡県生まれ。日本スポーツ振興センター勤務、日本パラリンピアンズ協会会長、日本身体障がい者水泳連盟会長など。先天性ブドウ膜欠損症のため、生まれつき左目の視力はなく、15歳で右目も失明し、全盲に。5歳から水泳をはじめ、パラリンピックは1992年バルセロナ大会に初出場以来、2012年ロンドン大会まで6大会連続出場し、金メダル5つを含む全21個のメダルを獲得（日本人選手では最多）。2016年、日本人初の国際パラリンピック委員会殿堂入り。競技と並行し、全盲者として初の中学校教員を務めたり、障がい者スポーツ普及など精力的に活動。
著書に『夢追いかけて』など。

■大切なのは、なんでも楽しみ、ベストを尽くすこと

　僕にとってのパラリンピックは、自分を表現するための最高の舞台、「オンステージ」です。相手に勝つことが目標でなく、自分が決めたタイムで泳ぐこと。そのための練習をしっかり積み、成果を発表する場なんです。

　僕は、その最高の舞台に6回立ち、どの大会も自分らしく、それぞれベストを尽くせました。反省も少しはありますが、メダルも21個獲得でき、おおむね満足のいくパラリンピック選手人生でした。

　パラリンピックの思い出は選手村での生活です。当時は国内でも水泳以外の選手との交流はほとんどなく、それだけでも新鮮でした。しかも、世界のトップ選手たちが集まっていて、飛び交う言葉もさまざま。理解できなくても、聴いているだけでワクワクしました。

　開会式と閉会式も楽しかった。日の丸を背負って大観衆の中を行進する気分は格別でしたね。

　初出場のバルセロナ大会のときは、最年少の17歳。海外渡航も初めてで、「代表に選ばれてラッキー」なんて気持ちだったように思います。僕は生まれつき「初めてのこと」に対するハードルが低く、物お

じしません。というか、「どんなことでも全力で楽しむ」ようにしています。

　この思いは今でも同じ。そうして取り組むと、さらに道が開けたり、人との出会いがあったり、可能性もどんどん広がっていくように思います。

　パラリンピックには日本を代表して出場しているので結果も重要ですが、水泳は格闘技や対戦競技と違い、相手よりも自分との戦いという面が強いスポーツだと思います。たとえ100分の１秒でも、過去の自分を超える瞬間に最大の喜びがあります。

　それに、僕は見えていないので、ライバルとの駆け引きはほとんどできません。だから、「相手が僕より速く泳いだらどうしよう」と悩んでも、どうしようもない。それよりも、「僕が彼より速く泳ぐにはどうすべきか」を考えます。

　僕は、「自分でどうにかできること」以外は悩みません。とにかく、ベストを尽くすこと。そうすれば、うまくいく。そんなことを、水泳とパラリンピックが教えてくれました。

■いつでも、どこでも、だれもがスポーツを楽しむ社会へ

　僕は水泳と出会えて本当によかったと思っています。水泳には、健康目的から、記録を狙い世界と戦う競泳まで、個人の目標に合わせて、いろいろな楽しみ方があります。コースロープを伝って水中を歩くだけでも、いい運動になります。子どもから高齢者まで年齢も選びません。

　それに、全盲者にとって水泳ほど安全に楽しめるスポーツはないと思います。プールという決まったスペースの中で思いきり泳げます。コースロープにぶつかる心配はありますが、ストローク数を数えるなど安全に泳ぐテクニックは身につけられます。

　ただ、視覚障がい者でも使えるプールがまだ少ないのが現状です。「危険性」や「監視の人件費」などが理由にされますが、誰が使ってもスポーツにおけるリスクはあるはずです。本来は障がいを理由に利用を拒否することが間違いなのに、今はまだ管理者目線の運営が主流

です。利用したい人があきらめずに声をあげ、働きかけていくことが大事ですね。

　僕の理想は水泳に限らず、「いつでも、どこでも、だれもがスポーツを楽しめる社会」づくりです。そのためには、僕に何ができるだろうかと考えながら、日々活動しています。スポーツをすることは障がい者にも大切だという認識が広まり、スポーツをする人がもっと増えてほしい。東京2020パラリンピックが、いいきっかけになればと思います。

■2020年大会には、「する、みる、支える」と、積極的に関わって！
　スポーツには観る楽しみもあります。会場での観戦は迫力いっぱいだし、2020年には今よりもっと技術も進むでしょうからユニバーサル放送なども増えて、視覚障がい者でも今以上に観戦を楽しめるはずです。

　スポーツを支える楽しみもあります。ボランティアです。東京オリンピック・パラリンピック競技大会組織委員会では、障がいのあるボランティアも積極的に採用する方針です。大会が掲げるスローガンである「共生社会の実現」の第一歩にもつながると思います。募集期間は今年2018年12月上旬までなので、多くの人に挑戦してほしいですね。

　僕も選手としてボランティアとの交流は楽しみでしたが、ボランティアにとってもきっとよい経験ができるでしょう。障がいの有無にかかわらず、大会の成功という同じ目標に向かい、みんなで力を合わせ、成し遂げたという達成感を味わう。それは、その後の人生や仕事にもきっと役立つはずです。

　見えなくたって、できる仕事はたくさんあるでしょう。物品の在庫管理などバックヤード的な業務も必要だし、ボランティアチームの連絡係だっていい。活躍できる場はきっとあります。

　視覚障がい者がボランティアに参加することは、他のボランティアに視覚障がいについて知ってもらうチャンスにもなります。何が難しくて、何ができるのか。その存在や活動が周囲の人の教材にもなりえる。そうして学んだことを大会後に家庭や職場、社会に持ち帰っても

らうことで、障がい者への理解が深まり、優しい社会へと変わっていくきっかけになるかもしれません。
　東京2020パラリンピックは、さまざまな可能性を秘めた大会だと思います。それぞれが、それぞれの形で思いきり楽しみ、よりよい未来へとつながっていくことを期待しています。

盲学校体育の授業からパラリンピック選手育成へ
寺西真人

1959年7月26日東京都生まれ。日本身体障がい者水泳連盟競泳技術委員、日本ゴールボール協会運営委員。大学卒業後、母校の体育非常勤講師、筑波大学附属盲学校（現・筑波大学附属視覚特別支援学校）の非常勤講師を経て、1989年に同校教諭となる。同校では水泳部とゴールボール部の指導者を兼任。河合純一さん（水泳）など、両競技で多くのメダリストを育てる。2015年、日本ゴールボール選手権大会では長年指導してきた「チーム付属A」（男子）と「チーム付属」（女子）が8年ぶりにアベック優勝を果たした。2018年3月、水泳日本代表チームの指導に注力するため、筑波大学附属盲学校を退職。

■盲学校でどんな指導ができるのか、手探りの日々

　私が、1989年（平成元年）に盲学校に着任したとき（もともと昭和62年に、非常勤で１年間お世話になっていました）、視覚障がいのある生徒たちが、１人でグランドを走ったり、転がってくるバレーボールの音を聞きながら、右左に動き回る姿を見て、驚いたというよりも、感動を覚えたことを今でもよく覚えています。

　放課後になると、フロアバレーやグランドソフト、陸上部などが、顧問の先生と楽しそうに練習しているのを見て、新人の教師である自分は、居場所が無いように思え、ただうらやましくクラブ活動を眺めているだけでした。

　いったい自分に、視覚障がい者の指導がどこまでできるのだろうか？　何ができるのか？　どうすれば上手に指導できるのか？　毎日手探りの状態でした。盲学校から帰宅した後は、目隠しして食事や入浴をしてみたりしながら、どんな情報が必要なのか自ら体験し、またわからないことは、翌日生徒に聞いてみたりしました。

■水泳部を立ち上げ、学校外のプールで練習

　盲学校に着任してから２年目に、私は水泳部を立ち上げることにしました。当時の専攻科の教員からは、「視覚障がい者がなんで泳がな

きゃならないんだ」と嫌味を言われましたが、私は自分の考えを押し通しました。

　自分自身、中学・高校と水泳部に所属し、大学時代はスイミングでアルバイトをしていたので、なんとか指導できるのではと思ったのです。手探りで始めてみましたが、水泳部員を指導していく中で、自分の言葉の使い方や、道具の使い方などの引き出しが増えていきました。授業の中でも、よりわかりやすく楽しく指導していくことによって、盲学校の生徒全員が泳げるような手ごたえを感じていきました。授業はゆっくりでも、12メートル（本校のプールは、屋外の12メートルプールである）立たずに反対側の壁まで泳げれば良い。基本的な「けのび」に時間をかけました。

　「水泳は寒いから嫌だ」とか「怖い」とか言う生徒たちが、次第に水泳もなんか楽しいという声が聞こえるようになり、ますますやる気になっていきました。

　そんな心の変化が生まれたのか、創部3年目には総勢15名の部員を抱えることになりました。クラブ活動が盛んになってくると、次第にスピードを争うようになっていきます。基礎的なフォーム作りは、12メートルプールで十分ですが、いざ競技となると、大会は最低でも25メートルプールで、学校外のプールに行き、練習をする必要が出てきました。

　プールに入ってしまえば、コースロープと壁に囲まれた場所なので、壁にぶつからない限り、かなり安全なスペースなのですが、プールの行き帰りの移動はなかなか大変なものがあります。晴眼者は私一人で、10人近い盲学校の生徒を連れて、池袋の駅を歩くときには、縦一列につながり（提灯行列と呼んでいました）移動をしました。

■河合純一との出会い

　盲学校に着任してから3年目に、河合純一という生徒に出会いました。そして、彼との出会いが、自分の人生の一つの岐路になったのです。河合は、静岡県出身で、中学までは普通中学校の水泳部で泳いでいたのですが、中学3年生の時に急激に視力低下したため、盲学校に

入学してきました。

　水泳のレベルは、他の水泳部員たちと異なり、障がい者の水泳大会に出場すると、あっという間に、東京大会、関東大会を制覇し、とうとう全国大会で優勝しました。もちろん、河合純一にかなう選手が当時国内には存在しなかったのです。そこで、ライバルを探すために、世界に挑戦することになりました。

　河合は高校2年生の時に、1992年バルセロナのパラリンピックに出場しました。そして、銀2個、銅3個のメダルを獲得しました。負けず嫌いの彼は、やはり金メダルを欲しがり、盲学校を卒業した後、早稲田大学に進学。そして、1996年アトランタのパラリンピックにおいて、金メダルを獲得することになりました。

　まだまだ社会的な認知度は低かったものの、自分も河合選手みたいになりたいということで、秋山里奈（アテネ：銀、ロンドン：金）や東京2020パラリンピックではエースと思われる木村敬一（ロンドン：銀1・銅1、リオ：銀2・銅2）らが入学してきました。

　嬉しい反面、教員としての仕事以外の練習につきあうことで、毎日帰宅も遅くなり、正直な話、身体的には辛い日々を送りました。しかし、生徒たちの一生懸命さや取り組む姿を見て、嫌だとは思ったことは一度もありません。

■ 3人の男子生徒とゴールボールに挑戦！

　勤務して5年くらい経った時だった頃でしょうか。盲学校教育をけん引してきたと言っても過言ではない、理科の女性教師から、ある男子生徒を指導してほしいと頼まれました。まだペーペーの自分にとって、尊敬できる偉大な先輩先生からのお願いは、正直嬉しく感じ、また認められたという自信にもつながりました。

　その男子生徒は、乱暴な言葉づかいや暴力的な行動、教員に対して悪態をつくといった態度が見られ、いわゆる手に負いにくい生徒でした。さて、どうすればよいのか、自分も悩みましたが、私は、学内でいわゆるガラの悪い2人の生徒に声をかけ、3人でゴールボールを始めることにしました。

私とゴールボールとの出会いは、こんな形でした。まだ学校の授業でも取り入れていなかった時期だったので、水泳同様、基本から生徒たちと一緒に取り組むことになりました。

　そして、学校外の社会人チームの大会に参加することにしました。善戦はしたものの、結果はかなりの大敗でした。大会終了後、３人は口をそろえて「先生、悔しいです。勝ちたいです。ゴールボール教えてください。」と言ってきました。

　私は、「君たちが真剣に取り組むのなら付き合うよ」と返事をし、自分にとってのゴールボールの歴史が始まりました。当時、学校はバレーが全盛期だったので、練習はバレー部の練習が終わった後しかできませんでした。寄宿舎の夕食後に、体育館に来させて、ゴールボールの練習を続けました。急に人間は変われませんが、やがて乱暴な言葉づかいも減り、授業態度も日増しに良くなるとともに、ゴールボールも上達していき、胸に日の丸をつけるまでに成長したのです。

■東京2020パラリンピックを目指す選手たち

　水泳にしてもゴールボールにしても、世界と戦うには、身体の大きさで日本人は不利でありました。

　週２回、ゴールボールの練習前に、校内の運動好きな生徒たちを寄宿舎の夕食後に集め、合同で筋トレをさせました。「合同筋トレ」と運動系の生徒たちには呼ばれていて、「継続は力なり」と自分は叫び続けました。

　ゴールボールのやんちゃなお兄さんたちの成長や宣伝もあり、女子部員も少しずつ増えていきました。筋トレの効果も出てきて、2004年アテネのパラリンピックでは、加藤三重子が銅メダルをとり、2008年北京のパラリンピックにも、加藤と高田朋枝が出場しました。2012年ロンドンのパラリンピックでは、若杉遥が金メダル。2016年リオのパラリンピックでは、若杉と陸上から競技変更した天摩由貴らが出場しました。2020年東京のパラリンピックには、何人自分の教え子が参加するか楽しみでもあります。

　2020年東京でのパラリンピックが決まった後、メディアからの注目

度も飛躍的に増えました。今まで私は学校の教員として、放課後から関わってきました。

　それでも、パラリンピックに出場する選手たちを育てることは、自分が無理をすれば育てられました。しかし近年、卒業後セミプロやプロ選手になり（20年前は想像もできませんでした）勤務時間外につきあう練習では、世界には勝てなくなりました。

　世界では、週に10〜12回は練習をしているのが当たり前です。最近の選手たちは、競技を中心に考えて就職するにまでなりました。

　選手たちも人生をかけて、命がけであることは言うまでもありません。そんな選手たちに、夕方から練習に付き合う自分が、近年申し訳なくも感じていました。ボランティアならパラリンピックに出場できれば十分だが、選手たちの目標は、やはりメダルです。となると、中途半端に選手に接するのは失礼かと思い、盲学校を早期退職することにしました。

　周囲からずいぶんといろいろと言われましたが、自分の信念は曲げたくありません。東京2020パラリンピックで、選手たちにメダルを獲得してほしい。いや、しっかりサポートしてメダルを獲らせたい。

　後、本番まで2年。一日を大切に積み重ねて、しっかりと結果を残したいと思います。

　東京2020パラリンピックでは、ぜひブラインド選手とサポートとの関係を見ていただきたいと思います。

　陸上では、伴走者やコーラー（幅跳びの時に踏み切り板を教える役）、サッカーでは、ゴールキーパーの指示や相手ゴールの裏で指示を出すガイド、水泳では、自分が務めるかも知れないタッパーとの関係など、会場で見ていただくと、よりブラインドスポーツの奥深さを感じられ、単に勝敗だけでなく、また違う見方ができるのではと思います。

東京2020パラリンピック競技の見どころ

星野恭子

① 競技概要　② 対象とする障がい・クラス分け　③ おもなルールや特徴　④ 見どころなど

【5人制サッカー（ブラインドサッカー）】

① 視覚障がい者によるサッカー（フットサル）。転がると音が鳴る専用のボールを使い、得点を競う。

② 視覚障がい：全盲（B1クラス）の男子のみ

③ 1チーム5人で、4人のフィールドプレーヤー（FP）は視覚障がい者でアイマスクとアイパッチを着用する。ゴールキーパーは晴眼、または弱視者が行う。FPはボールの音や気配、ピッチ外にいる監督や相手ゴール裏にいるガイド（コーラー）からの声かけなどを頼りにプレーする。守備側は「ボイ」と声を出して衝突を防ぎ、声を出さないとファウル。ピッチはタテ40メートル、横20メートルで、両サイドライン上に立つ高さ1メートルほどのフェンスが特徴。選手やボールがピッチ外に出るのを防ぎ、選手には位置の目安になる。

④ 視覚を完全に遮断されたなかでもスピード感あふれる果敢なプレー、正確なパスやドリブル、シュートなど。

【ゴールボール】

① 視覚障がい者のために考案された球技。1チーム3人で、鈴入りのボールを相手ゴールに転がすように投げ、得点を競う。

② 視覚障がい：全盲から弱視まで対象だが、アイシェードとアイパッチを装着し、視覚を完全に遮断した状態でプレーする。

③ コートはタテ18メートル、横9メートルで、両エンドライン上に高さ1.3メートルのサッカーのようにネットが張られたゴールがある。ボールの音や選手の足音、気配などからボールの位置を察知し、体全体を使ってゴールを守り、投げ返す。

④ 視覚以外の感覚をフルに使ったレベルの高いパフォーマンスや、

移動攻撃など相手の守備を崩す多彩なスロー、チームでの守備など。

【柔道】

① 視覚障がい者を対象にした柔道。組み合った状態から試合開始となり、組み手争いがなく、技のかけ合いが激しい。

② 視覚障がい：障がいの程度によるクラス分けはなく、体重別で競う。

③ 組んで始める以外は、一般の柔道とほぼ同じルール。アイマスクなどは着用しない。全盲者は柔道着の両袖に赤い円形のワッペンをを付ける。聴覚障がいも合わせ持つ場合は、黄色い円形のマークも付ける。試合時間は男女とも4分間だが、両者が離れると、「マテ」がかかり、中央で組みなおした状態から試合を再開する。

④ 豪快な投げや巧みな寝技など多彩な技にも注目。技の応酬がつづき、イッポン勝ちも多い。

【水泳】

① 補助具などは使わず、残された身体機能を最大限に生かして泳ぎ、100分の1秒を争う。

② 視覚障がい・肢体不自由・知的障がい：障がいの種類や程度、運動機能などにより、細かくクラス分けされる。

③ ルールは一般の水泳とほぼ同じだが、障がいに応じてルールが一部変更されている。飛び込みが難しい選手は水中からスタートしたり、スタートグリップが握れない選手はヒモやタオルを使ったり、アシスタントがサポートしたりする。種目は平泳ぎ、自由形、背泳ぎ、バタフライ、個人メドレーという泳法別の個人種目と、4人1組でのリレーなど。

④ 障がいの特性に応じた個性あふれるスイムスタイル。視覚障がいの選手にはプールの壁に衝突しないように、棒（タッピングバー）で選手の頭や体をたたいて合図する。たたく人（タッパー）とのコンビネーションにも注目。

【ボート】

① 競技用ボートを後ろ向きに漕ぎ、河川や湖など波や流れのない水上に設定された2000メートルの直線コースで速さを競う。

② 視覚障がい・肢体不自由：障がいの内容や程度から3クラスに分けられる。クラスごとに種目（ボートの種類）が決まっている。

③ シングルスカル（1人乗り）とダブルスカル（2人乗り）は、下半身に障がいのある選手が対象で、座席固定式のボートを使い、上半身の力だけで漕ぐ。コックスフォア（舵付き4人乗り）は、まひや視覚障がいなどを対象とし、漕ぎ手4人の座席は一般的なスライディング式なので膝の屈伸による脚力も使える。

④ 選手の鍛え上げた身体能力や、息の合ったチームワークにも注目。

【陸上競技】

① トラック種目から、跳躍、投てき、マラソンまで、タイムや距離を競う。

② 視覚障がい・肢体不自由・知的障がい：障がいの内容や程度により細かくクラス分けされる。

③ ルールは一般の陸上競技を基本とするが、障がいや競技の特性に応じて一部変更されている。自身の身体能力に加え、競技用車いすや義足、体を支えるための補助具などを使ったり、視覚障がいクラスはガイドランナー（伴走者）など目の代わりとなるアシスタントのサポートも受けられる。

④ 残された機能を活かし、限界に挑む選手たちの力強さ。用具を使いこなす身体能力や、ガイドなどサポートする人とのチームワークなどにも注目。

【トライアスロン】

① スイム（0.75km）、バイク（20km）、ラン（5km）の3種目を連続して行う。合計距離（25.75km）はオリンピックの半分。スイムからバイク、バイクからランへと種目を変える「トランジション」タイムも加算され、合計タイムで順位を競う。

② 視覚障がい・肢体不自由：障がいの内容や程度により、6クラス

に分かれる。

③　車いすクラスでは、バイクは手で漕ぐハンドサイクル、ランは競技用車いすを使い、移動や着替えなどは「ハンドラー」がサポートする。立位クラスでは義足など補装具の使用や用具の改造なども認められる。視覚障がいの選手は同性・同国籍の「ガイド」１名と競技を行い、例えば、バイクパートではタンデム（二人乗り自転車）を使う。

④　天候や自然環境とも戦う強い体や精神力、最後までわからない勝負の行方など。障がいに合わせた用具の工夫や、サポートする人とのチームワークにも注目。

【自転車】

①　競技用自転車で、タイムや着順を競う。屋内の自転車競技場でのトラック競技と、一般道路などを使うロード競技がある。

②　視覚障がい・肢体不自由：障がいの内容や程度により、４部門13クラスに分かれる。

③　部門ごとに使用する自転車の種類が異なる。車いす部門は手で漕ぐハンドバイク、平衡感覚に障がいがある選手は三輪自転車を使う。二輪自転車を使う部門では、義足や義手などに合わせた改造も認められ、視覚障がい部門は二人乗りのタンデム車で、晴眼者が前に乗ってサポートする。

④　義手や義足を使ったり、片脚だけでペダルを漕ぐ選手など、それぞれの特性を活かしたさまざまな競技スタイル。スピード感や迫力、駆け引きや自転車を操るテクニックにも注目。

【馬術】

①　人と馬が呼吸を合わせて演技し、その正確性や美しさなどを審判が採点する「馬場馬術」で競う。

②　視覚障がい・肢体不自由：障がいの種類や程度などにより５クラスに分かれる。

③　種目は、馬場内を決められた順番に動いて図形などを描くチャンピオンシップテストと、音楽に合わせて自由に演技するフリースタ

イルテストの２つ。男女の区別はなく、個人戦と３〜４人１組での団体戦がある。視覚障がいの選手などには馬場の外から「コーラー」と呼ばれる人が声をかけるなど合図してサポートする。障がいに応じ、安全性や操作性を高めた「特殊馬具」の使用も認められる。手綱を口でくわえて馬に指示する選手もいる。

④　長い時間を過ごして育んだ信頼関係に根ざした人馬一体の演技。

【アーチェリー】
① 　的を狙って弓で矢を放ち、得点を競う。
② 　肢体不自由：障がいに応じて、立位か座位（車いすやいすを使う）で競技する。補助具の使用やアシスタントのサポートも認められる。
③ 　競技は３部門に分かれる。「リカーブ部門」は、オリンピックでも使われる「リカーブ弓」を使い、標的は70m先にある直径122cmの円。「コンパウンド部門」は、両端に滑車がつき、軽い力でも引ける「コンパウンド弓」を使い、標的は50m先の直径80cmの円。「オープン部門」は、障がいの最も重い車いす選手のみが出場でき、弓は２種類から選べる。標的は50m先の直径80cmの円。的は中心が10点で、外に離れるほど低くなる。
④ 　緊張感の中で正確に射抜く技術や集中力。障がいの状態に応じ、口で弦を引く、足で弓を支えるなど、個性豊かな競技スタイル。

【バドミントン】
① 　ネット越しにラケットでシャトルを打ち合い、得点を競う。
② 　肢体不自由：車いすや脚、腕の障がいなど６つのクラスに分かれる。
③ 　男女別のシングルスとダブルス、男女混合ダブルスがあり、全種目とも21点制のラリーポイント方式で、２ゲーム先取の３ゲームマッチで行われる。コートのサイズやネットの高さ、得点方法などルールは一般のバドミントンとほぼ同じだが、車いすクラスのシングルスでは半面のコートを使うなど、一部のルール変更もある。
④ 　東京2020大会で初めて正式競技に。コースを正確についたショットや激しいラリーの応酬、緩急をつけた揺さぶりや迫力あるスマッシュ、車いすを操りながらのショットなど。

【ボッチャ】

①　イタリア語で、「ボール」を意味するボッチャは、四肢まひなど重度な障がい者のために考案された球技。白い目標球（ジャックボール）に近づけるように、赤か青のボールを投げたり転がしたりして得点を競う。

②　肢体不自由（重度な脳性まひや四肢まひ）：男女の別はなく、障がいの程度により４クラスに分かれる。アシスタントのサポートや補助用具を使う選手も。

③　タテ12.5メートル、横６メートルのコートを使い、選手は車いすに座ったままプレーする。赤と青に分かれ、１エンドに６球ずつ投げ、ジャックボールに近いほうに得点が入る。個人戦とペア戦は４エンド、チーム戦（３人対３人）は６エンドの合計得点で競う。

④　ボールを正確に操る技術や緻密な戦略、高い集中力など。ジャックボールを動かすなど多彩で絶妙なショットによる大逆転も。

【カヌー】

①　河川や湖など、波や流れのない水上に設置された200メートルの直線コースで、１人乗りのボートを進行方向に向かって漕ぎ、タイムを競う。

②　肢体不自由（下肢の障がい）：障がいの程度により、３クラスに分かれる。

③　ボートが異なる２部門がある。「カヤック」は両端にブレード（水かき）がついた１本のパドルで左右交互に漕いで進む。「ヴァー」は左右どちらかに浮きがついたボートで、片端にブレードがついたパドルで、浮きのないサイドを漕いで進む。

④　「水上の短距離競争」と呼ばれるスピード感と、力強いストロークでボートを進める技術など。おもに上半身の力だけでボートを漕ぐため、腕や肩など鍛え抜かれた筋肉にも注目。

【パワーリフティング】

①　台の上にあお向けに横たわった状態から、上半身の力だけでバーベル（重りのついた棒）を持ち上げ、その重さを競う。

② 肢体不自由（下肢障がいや低身長）：障がいの程度によるクラス別でなく、体重別で競う。下肢切断の選手は、切断の範囲に応じた一定の重量を自身の体重に加算する。

③ 横たわった状態でバーベルを持ち上げてから胸までおろし、再び肘が伸びきるまで押し上げ静止する。成否は審判が判定する。一人3回ずつ試技を行い、成功させたバーベルの重い順に順位がつく。

④ 集中力と瞬発力がカギ。自身の体重の2～3倍の重さを挙げる、鍛え抜かれた肉体の美しさにも注目。

【射撃】

① ライフル、またはピストルで標的を撃ち抜き、得点を競う。

② 肢体不自由：障がいの内容や程度でなく、腕や手で銃を保持して射撃ができるか、できないかにより2クラスに分かれる。それぞれ立位か座位（車いす、または競技用いすを利用）で競技する。

③ 銃の種類や射撃姿勢、標的までの距離などの組み合わせにより、さまざまな種目がある。1発の満点は種目により10.9点か10点で、中心から離れるほど低くなる。規定の弾数を撃ち、合計点で順位がつく。

④ 呼吸や心臓の鼓動などもパフォーマンスに影響する。緊張感あふれるなか、的を正確に撃ち抜く選手の技術や強いメンタルに注目。

【シッティングバレーボール】

① 床にお尻をつけた状態で行う6人制のバレーボール。

② 肢体不自由（上肢、または下肢の障がい）：障がいの程度により2クラスに分かれ、軽いクラスの選手はコート上1人まで。

③ ルールは一般のバレーボールとほぼ同じだが、「お尻が床から離れるとファウル」となり、コートも小さく、ネットも低いものを使う。試合は1セット25点（5セット目は15点）のラリーポイント制で3セット先取の5セットマッチ。

④ 腕力で臀部を滑らせるように移動し、スピード感あるラリーの応酬やコースを巧みについたスパイク、戦略性の高い頭脳プレーなど。

【卓球】
① 障がいに応じて車いすや義足を使いながら行う卓球。
② 肢体不自由・知的障がい：前者は車いすと立位に分かれ、さらに障がいの程度や運動機能などからそれぞれ5クラスに分かれる。知的障がいは1クラスのみ。試合は1セット11点制で、3セット先取の5セットマッチ。
③ 一般の卓球とサイズもネットの高さも同じ台を使い、ルールもほぼ同じだが、車いす選手のサービスなど、一部のルールが変更されている。
④ ラケットを口でくわえる、義足や杖などの補助具を使う、ひじ先やラケットにボールを乗せて行うサービスなど、障がいの特性を生かしたさまざまなプレースタイル。高速でのラリーの応酬や緩急織り交ぜた頭脳プレーにも注目。

【テコンドー】
① 「蹴り技」だけで行う格闘技。東京2020大会から正式競技に。
② 肢体不自由（上肢障がい）：障がいの程度でなく、体重別で競う。
③ オリンピックと同じ八角形のコートを使い、1ラウンド2分間の3ラウンド制で行われる。攻撃できる部位は胴体だけに限られ、3種類の蹴り技があり、難易度によってポイント（2～4点）が決まっている。有効と認められた技の点が加算され、合計点で競う。胴プロテクターやヘッドギアなどの防具は、技有効性の判定にも使われる電子式防具。
④ 体重別といっても1階級の幅が広く、体格差も見られるが、小柄な選手が俊敏性や戦略などから大柄な選手に勝利することも。豪快な回し蹴り（4点）による一発逆転もあるなど、最後まで目が離せない。

【車いすバスケットボール】
① 競技用車いすに乗って行うバスケットボール。
② 肢体不自由（下肢障がい）：障がいの程度により、重いほうから順に1.0から4.5まで0.5点刻みの8クラスに分かれる。

③　コートの大きさやゴールの高さなど、ルールは一般のバスケットボールとほぼ同じ。試合は1ピリオド10分の4ピリオド制。コート上5人の合計点を14点以内でチームを編成する。障がいの重い選手にも出場機会が広がり、どの5人を組み合わせるかも重要。

④　迫力とスピード感が魅力で、激しいぶつかり合いで転倒することも。ダッシュやストップ、すばやいターンなど巧みな車いす操作（チェアワーク）にも注目。上半身だけで行うシュートの正確性や、障がいの程度の異なる選手同士のチームワークなども。

【車いすフェンシング】

①　「ピスト」と呼ばれる装置に固定された車いすに座り、上半身だけで突き合うフェンシング。

②　肢体不自由（下肢障がい）：障がいの程度により、2クラスに分かれる。

③　剣で攻撃し、有効ポイントの合計得点で競う。剣とユニフォームに電気審判器がつながり、攻撃の有効性を判定する。フットワークが使えないため、相手との距離が近く、ほぼ一定なので、剣さばきのスピードや技術がカギ。フェンシングと比べ、使用する剣や防具は同じで、種目も「フルーレ」「エペ」「サーブル」の3種目だが、それぞれ有効となる攻撃範囲が異なる。

④　目にも止まらないほどスピーディーな攻撃の応酬や、車いすが傾くほど激しく迫力ある真剣勝負など。

【ウィルチェアーラグビー】

①　車いす（ウィルチェアー）に乗り、1チーム4人で対戦する球技。バスケットボールのコートを使い、パスやドリブルをしながらボールをゴールまで運び、合計得点で競う。

②　肢体不自由（四肢の障がい）：障がいの程度により、重い順に0.5から3.5まで0.5点刻みで7クラスに分かれる。

③　楕円でなく球形の専用ボールを使い、車いす同士のタックルも認められた激しい競技。コート上4人の合計点を8.0点以内で編成するため、選手の組み合わせも重要。男女混合で、女子は一人につき0.5

点が合計点からマイナスされる。ボールを持ったチームは40秒以内にゴールするなど「時間制限ルール」も多く、時間管理もポイント。
④　タックルやスピード感あふれるドリブル突破など、激しく迫力あるプレーや、ち密な戦略によるチームワークなど。

【車いすテニス】
①　車いすに乗って行うテニス。２バウンド以内での返球が認められる点以外、一般のテニスとコートの大きさやネットの高さも含めて同じルールで行われる。
②　肢体不自由：男子と女子、上肢にも障がいがあり男女混合のクアードの３クラスに分かれ、それぞれシングルスとダブルスがある。
③　クアードクラスの選手は電動車いすの使用や、手の障がいによりラケットが握れない場合、テープでの固定なども認められる。高速で打ち返されるボールを追う、正確でスピーディーな車いす操作（チェアワーク）もカギ。
④　ラケットを持ちながら車いすを巧みに操り、体勢を整えて繰り出す多彩なストロークやコースを正確に狙う技術力、迫力あるスマッシュなど。

監修のことば

　東京2020パラリンピックの開催決定以降、テレビや新聞・ラジオなどにおいて「パラリンピック競技」が取り扱われる機会が飛躍的に増加した。また、パラスポーツの紹介イベントや体験会、パラリンピアンの講演会なども盛んに開催されている。

　盛り上がりを見せているパラスポーツではあるが、競技人口や大会数は少なく、実際の競技を観戦する機会は少ない。また、観戦の方法や競技への関わり方もよく知られていない状況がある。担い手不足から団体運営に四苦八苦している競技団体もあり、まだまだ、パラスポーツが根付いていない現状は否めない。

　本書では、競技者・指導者・サポーターという異なった視点から、それぞれの体験に基づいた視点で「パラスポーツへの関わり方」が紹介されている。

　おもに視覚障害パラスポーツのサポーターとして、競技者やスタッフと長く接してきた星野恭子氏による解説は、実体験と綿密な取材に基づき、パラリンピックの概要や競技種目について、簡潔にわかりやすく解説されている。

　水泳やゴールボールの選手を育成し、コーチとしてパラスポーツに積極的に関わってこられた寺西真人氏の体験談は、パラスポーツ黎明期から現在までの指導者としての実体験が赤裸々に語られており、パラスポーツ現場の苦労や努力の過程が良くわかる内容となっている。また、パラリンピックで勝負することが、今や中途半端な取り組みでは不可能な状況に変化してきたことが文章から滲み出ており、今後のパラスポーツ発展に向けた課題も垣間見える。

　自身が競技者としてパラリンピックに挑み、日本におけるパラスポーツのレジェンドとして、多方面で活躍されている河合純一氏は、自身の多彩な経験をもとに、障がいのある当事者としてのパラリンピックへのかかわり方が、多様な視点から紹介されており、傾聴すべき提言となっている。

　さまざまな立場から、体験をもとに書かれた本書は、東京2020パラリンピックを迎えるまでにパラスポーツの本質的側面を理解するための、貴重な手がかりとなるであろう。

　パラスポーツの今後の発展のためにも、本書が、パラスポーツに関心を持ち、積極的に関与してみようと思っていただけるきっかけになれば幸いである。

筑波大学附属視覚特別支援学校
原田清生